Tadpole Books are published by Jump!, 5357 Penn Avenue South, Minneapolis, MN 55419, www.jumplibrary.com

Editor: Jenna Trnka **Designer:** Anna Peterson **Translator:** Annette Granat

Photo Credits: Westend61/SuperStock, cover; Taeya18/Shutterstock, 1; marekuliasz/Shutterstock, 2–3, 16bl; andreiuc88/Shutterstock, 4–5; stanley45/iStock, 6–7, 16br, 16tr; Wolfgang Kruck/Shutterstock, 8–9; Varina C/Shutterstock, 10, 11, 16tl, 16tm; emholk/iStock, 12–13; Tsomka/Shutterstock, 14–15, 16bm.

Library of Congress Cataloging-in-Publication Data
Names: Kenan, Tessa, author.
Title: Lluvioso / por Tessa Kenan.
Other titles: Rainy. Spanish
Description: Tadpole (edition). | Minneapolis, MN : Jump!, Inc., 2018. | Series: Informe del tiempo | Includes index.
Identifiers: LCCN 2018010719 (print) | LCCN 2018012787 (ebook) | ISBN 9781641280754 (ebook) | ISBN 9781641280747 (hardcover : alk. paper)
Subjects: LCSH: Rain and rainfall—Juvenile literature. | Precipitation (Meteorology) —Juvenile literature.
Classification: LCC QC924.7 (ebook) | LCC QC924.7 .K4618 2018 (print) | DDC 551.57/7—dc23
LC record available at https://lccn.loc.gov/2018010719

INFORME DEL TIEMPO

LLUVIOSO

por Tessa Kenan

TABLA DE CONTENIDO

tadpole books

LLUVIOSO

Está nublado.

¿Lloverá?

Las nubes tienen gotas de agua.

Ellas caen.

La lluvia es buena.

Les da agua
a las plantas.

Los animales la toman.

Nos ponemos botas.

Nos ponemos abrigos.

¡Jugamos bajo la lluvia!

Agarra tu paraguas.

¡Siente las gotas de lluvia!

REPASO DE PALABRAS

abrigos

botas

gotas de lluvia

nublado

paraguas

plantas

ÍNDICE